CORONIS,
PASTORALE
HEROÏQUE.

Repreſentée par l'Academie Royalle de Muſique.

Le vingt-troiſiéme Mars 1691.

A PARIS,

Par CHRISTOPHE BALLARD, ſeul Imprimeur du Roy pour la Muſique, ruë Saint Jean de Beauvais, au Mont-Parnaſſe.

ET SE VEND

A la Porte de L'Academie Royalle de Muſique, ruë Saint Honoré.

M. DC. XCI.

ACTEURS
DU PROLOGUE.

CLIO.

THALIE.

EUTERPE.

Les autres Muses.

Troupe de Bergers & de Bergeres.

Troupe de Laboureurs.

Troupe de Vignerons.

CORONIS, PASTORALE HEROÏQUE,

PROLOGUE.

Le Theatre repreſente le Mont-Parnaſſe.

SCENE PREMIERE.

CLIO, THALIE, EUTERPE, les autres Muſes.

THALIE, EUTERPE.

Habitans fortunez dans ces Climats heureux,
Venez prendre part à nos Jeux.

CLIO.

Toute la Terre tremble, & le Dieu des allarmes
Signalle sa fureur dans les champs Ennemis ;
L'affreuse cruauté des armes
Chaque jour les inonde & de sang & de larmes :
C'est à vous seuls qu'il est permis
De gouter de la Paix les adorables charmes.

THALIE, EUTERPE.

Habitans fortunez, de ces Climats heureux
Venez prendre part à nos Jeux.

SCENE SECONDE.

Les Muses, Troupe de Bergers & de Bergeres, Troupe de Laboureurs & de Vignerons.

CLIO.

TOut rit dans ce sejour tranquile,
La Paix l'a choisi pour asile,
Elle vous fait d'heureux destins.

UN VIGNERON.

Nos costeaux sont chargez de raisins.

UNE BERGERE.

Nos prez brillent de fleurs.

UN LABOUREUR.

La moisson est fertile.

Tous.

Quel desespoir pour nos jaloux voisins!

UN BERGER.

Malgré la Guerre & ses cruels ravages,
Un calme heureux comble icy nos desirs,
Ce beau sejour ne craint point les orages,
Et nous viendrons sous ces charmans ombrages
Chanter encor l'amour & ses plaisirs.

UNE BERGERE.

Si nostre cœur penche vers la tendresse,
Ne cherchons point d'inutile détour,
Les doux plaisirs sont faits pour la jeunesse,
Et la jeunesse est faite pour l'amour.

CLIO.

Lorsque la Renommée en cent Climats publie
La gloire & les vertus du Roy de Thessalie
Devons-nous n'ocuper nos voix
Qu'a vanter de l'Amour l'Empire & les Conquestes?
Chantons Adméte & ses Exploix,
Que ce Heros soit l'objet de nos festes.

Chœur.

Chantons Adméte & ses Exploix,
Que ce Heros soit l'objet de nos festes.

CLIO & deux Bergers.

Suivez / Suivons } ces glorieux projets
Qu'un si beau zéle { vous / nous } inspire,

Admète cherit ses sujets
Et leur amour est tout ce qu'il desire.
Chantez, } *tant de vertus,* { *Chantez,* } *que les échos*
Chantons } { *Chantons,* }
Retentissent du nom de ce fameux Heros.

Chœur.

Chantons tant de vertus, chantons, que les échos
Retentissent du nom de ce fameux Heros.

UN BERGER.

Il ne respire de la gloire,
Par tout où ses Guerriers ont porté ses Drapeaux
On a veû voler la Victoire:
Ah! que ses glorieux travaux
Rempliront bien l'Histoire.

UN BERGER.

L'impuissante valeur de cent Peuples jaloux
Arme en vain contre luy les deux bouts de la terre,
Il a fait éclater son foudroyant Tonnerre,
On les a déja veus accablez sous ses coups
Assouvir de leur sang le Démon de la Guerre.

UN BERGER.

Il est de l'Univers la terreur & l'amour,
Mars dans ses desseins le seconde,
Le Pirate effrayé ne paroist plus sur l'Onde,
Et les Peuples voisins des Barrieres du jour
Viennent l'admirer dans sa Cour.

PROLOGUE.

UN BERGER.

Unique deffenseur des Droits du Diadême,
Il protege des Roys la Majesté suprême
Contre d'horribles attentats :
Le Ciel l'excite a prendre une juste querelle,
Et permet aux Tyrans d'usurper des Estats,
Pour le combler encor d'une gloire plus belle
Par la chûte de ces ingrats.

DEUX BERGERS

Aucun mortel ne peut atteindre
Au degré des vertus dont il est animé.

UN BERGER.

Dans la Guerre il est à craindre.

UN BERGER.

Dans la Paix il est aimé.

DEUX BERGERS.

Dans la Guerre il est a craindre.

Tous trois.

Dans la Paix il est aimé.

CLIO ET UN BERGER.

Que la gloire à l'aimer sans cessè {vous / nous} inspire,
Heureux qui vit sous son Empire !

Chœur.

Que la gloire à l'aimer sans cesse nous inspire,
Heureux qui vit sous son Empire !

FIN DU PROLOGUE.

ACTEURS
DE LA PIECE.

APPOLLON, *sous le nom de Tircis, Pasteur des Troupeaux d'Admete Roy de Thessalie.*

CORONIS, *Nymphe du Pinde, Amante de Daphnis.*

DAPHNIS, *fils du Fleuve Penée, Amant de Coronis.*

APIDAMIE, *fille du Fleuve Apidamie, Amante de Daphnis.*

CEPHISE, *confidente de Coronis.*

CORAX, *confident d'Appollon.*

TROUPE de Faunes & de Dryades.

LES HEURES & LES ARTS.

TROUPE de Bergers, de Bergeres & de Pastres.

CORONIS, PASTORALE HEROIQUE.

ACTE PREMIER.

SCENE PREMIERE.

Le Theatre represente une Campagne arrosée par le Fleuve Penée, & bordée d'agreables colines couvertes de Boccages de Lauriers.

APPOLLON, CORAX.

CORAX.

APpollon vient icy chercher la solitude,
Qui cause son inquietude
Quand Flore & les Zephirs ramenent les beaux jours ?

Joüissons des douceurs de la saison nouvelle;
L'Hyver avoit chassé les jeux & les amours,
L'aimable Printemps les rappelle.

APPOLLON.

Le retour du Printemps
N'a rien qui m'enchante,
Je revoy sans plaisir la verdure naissante
Embellir ces Bois & ces Champs,
Et je languis icy quand tout le monde chante
Le retour du Printemps.

CORAX.

D'où naît cette melancolie?
Depuis que Jupiter vous a banny des Cieux,
Je vous ay vû braver l'injustice des Dieux,
Et vivre heureux en Thessalie:
Le triste souvenir du sort de Phaëton
Peut-il encor troubler le grand cœur d'Appollon?

APPOLLON.

La perte de mon fils, & cét Arrest severe,
Ont peu de part à mes chagrins nouveaux;
Sous l'habit d'un Berger j'erre dans ces Hameaux;
J'ay pour Adméte une estime sincere,
J'ay pris avec plaisir le soin de ses Troupeaux;
Je goûtois cent douceurs dans ce charmant azile,
Mais le cruel Amour ne peut me voir tranquile.

CORAX.

Daphné n'est plus qu'un Arbre, aimeriez vous toûjours
Ce reste infortuné de vos tendres amours?

APPOLLON.

Je cheris sa memoire,
J'ay pleuré son malheur;
Mais une autre beauté triomphe de mon cœur,
Et je n'ose avoüer mes fers, ny sa victoire.

CORAX.

Parlez, un Dieu doit-il contraindre ses desirs?

APPOLLON.

Ah! ce n'est pas le Dieu qui doit paroître tendre,
C'est le Berger qui pousse des soûpirs.

CORAX.

Les plus fieres beautez trouvent mille plaisirs
A les entendre.

APPOLLON.

Helas! j'adore Coronis,
Et cette Nymphe aime Daphnis.

CORAX.

Le frere de Dapné, le fils du vieux Penée
Doit-il vous allarmer?

APPOLLON.

Il aime, il ſçait ſe faire aimer,
Et l'on doit celebrer bien-toſt leur hymenée.

Cependant le Deſtin ſemble flatter mes vœux,
Coronis eſt jalouſe, & croit qu'Apidamie
Inſpire à Daphnis d'autres feux;
Dans cette erreur par moy-meſme aſſervie,
Sa vanité luy fait fuïr ſon Amant,
Et mépriſer ſon changement.

CORAX.

Le moment eſt favorable,
Profitez de ſon dépit,
Elle croit Daphnis coupable,
Et ce mouvement ſuffit
Pour le rendre moins aimable;
Profitez de ſon dépit,
Le moment eſt favorable.

Mais Daphnis vient à nous.

SCENE DEUXIE'ME.

APPOLLON, DAPHNIS, CORAX.

DAPHNIS.

TIrcis, puis-je sçavoir
Qui vous fait chercher ces Rivages?

APPOLLON.

J'en aime la fraîcheur, & je me plais à voir
Et ces Plaines & ces Boccages.

DAPHNIS.

Mais pourquoy suivez-vous Coronis chaque jour?

APPOLLON.

Mes yeux la trouvent belle,
J'aime à luy faire la Cour,
Et peut-estre n'est-ce qu'elle
Qui m'arreste en ce sejour.

DAPHNIS.

Nous nous aimons, elle est fidelle,
Cessez de toubler mon amour.

APOLLON.

Si vous estes aimé vous n'avez rien à craindre,
Dissipez ce trouble fatal.

DAPHNIS.

Mon cœur est genereux, & me force à vous plaindre.

APPOLLON.

Je ne plaindrois guere un Rival.

DAPHNIS.

Il est mille beautez dignes de vostre flame
Qui peuvent vous offrir des plaisirs infinis.

APPOLLON.

Je veux vous faire part du secret de mon ame,
Je n'ay rien vû de beau que Coronis.

DAPHNIS.

Je vous entens, l'amour pour elle vous inspire.

APPOLLON.

Jugez-en, je la vois, helas! & je soûpire

SCENE TROISIE'ME.

APPOLLON, CORONIS, DAPHNIS, CEPHISE, CORAX, Troupe de Faunes & de Dryades.

CHOEUR DE FAUNES.

A*Imons-nous éternellement.*

CHOEUR DE DRYADES.

Souffrons tous qu'amour nous blesse.

CORONIS.

Pour trouver l'amour charmant
Un cœur doit changer sans cesse,
Ne regardons la tendresse
Que comme un amusement,
Un trop long engagement
Est moins amour que foiblesse.

CHOEUR DE FAUNES.

Aimons-nous éternellement.

CHOEUR DE DRYADES.

Souffrons tous qu'amour nous blesse.

UN FAUNE ET UNE DRYADE.

Dans ce séjour
Sombre & tranquille,
Dans ce sejour
Suivons l'amour.
Ce lieu charmant nous offre un doux asile;
Profitons des momens d'un si beau jour.

CHOEUR.

Dans ce séjour
Sombre & tranquille,
Dans ce sejour
Suivons l'amour.

UN FAUNE ET UNE DRYADE.

Donnons nos cœurs
A la tendresse,
Donnons nos cœurs
A ses ardeurs.
L'employ le plus charmant de la jeunesse
Est de gouter l'amour & ses douceurs.

CHOEUR.

Donnons nos cœurs
A la tendresse,
Donnons nos cœurs
A ses ardeurs.

CORONIS.

Il n'est point de cœur si rebelle
Qui n'ait eu des tendres desirs.
Nous devons à l'amour un tribut de soûpirs,
C'est une pente naturelle.
Mais lequel en aimant goûte plus de plaisirs,
Ou le constant, ou l'infidelle?

Bergers, vous connoissez l'un & l'autre bonheur;
Celuy qui peindra mieux les caprices du cœur,
Aura pour prix une houlette,
Et ma guirlande, & ma musette.

DAPHNIS.

Rien ne paroît si doux qu'une naissante ardeur:

L'inquietude

L'inquietude, la langueur,
Flattent mesme un Amant sincere:
Mais tout céde au plaisir de changer chaque jour,
Et plus d'une beauté nous marque en ce sejour
Que l'inconstance est necessaire
Aux charmes de l'Amour.

APPOLLON.

Un Amant asservy sous les loix d'une ingratte
Dont chaque jour la haine éclatte
Peut étouffer sans crime une ardeur qui déplaist:
Mais quand l'intelligence est sincere & parfaite
Un cœur qui peut trahir un si cher interest,
Est indigne qu'on le regrete.

DAPHNIS.

Changeons sans cesse.

APPOLLON.

Aimons toûjours.

Ensemble.

Qu'un mesme objet sçache toûjours nous plaire,
Un mesme objet cesse aisément de plaire,
Un cœur sincere
Goûte enfin d'heureux jours.
Goûte-t'il d'heureux jours.

DAPHNIS.

Changeons ſans ceſſe.

APPOLLON.

Aimons toûjours.

CORONIS.

Sur l'amour & la conſtance
Daphnis dit mieux ce qu'il penſe,
Tircis eſt plus galant, je luy donne le prix.

APPOLLON.

Belle Nymphe!

DAPHNIS en s'en allant.

Ah! perfide!

SCENE QUATRIESME.

APPOLLON, CORONIS, CEPHISE, CORAX, Troupe de Faunes & de Dryades.

CORONIS.

Acceptez ma Guirlande ;
Souvenez-vous de Coronis,
C'eſt tout ce qu'elle vous demande.

APPOLLON.

Des charmes les plus doux
Le Ciel vous a pourveuë,
Tous les cœurs ſemblent faits pour n'adorer que vous,
Je ſuis tendre, & je vous ay veuë.

Je triomphe aux yeux de Daphnis,
O Ciel, quelle gloire eſt plus grande!

CORONIS.

Souvenez-vous de Coronis,
C'eſt tout ce qu'elle vous demande.

SCENE CINQUIESME.

CORONIS, CEPHISE.

CORONIS.

HE' bien Cephise, est-il encor dans mes liens?
Peux-tu douter de sa nouvelle flame?
O Feste d'Appollon! O Jeux Pythoniens!
Que vous coûtez cher à mon ame!

CEPHISE.

Je n'ose plus douter qu'il ne soit inconstant,
Mais le jour de nos Jeux il eût toute la gloire,
La Nymphe luy donna le fruit de sa victoire,
N'en auriez-vous pas fait autant?

CORONIS.

Apidamie en m'insultant,
Luy délivra le prix ordonné pour la Feste;
Il ne fut point ingrat, Cephise, & dés l'instant,
Ce vainqueur deveint sa conqueste;
Il vit mon desespoir, & malgré ma langueur
Il l'a suivoit par tout, moins des yeux que du cœur.

CEPHISE.

Si vostre Amant a pris une chaisne nouvelle,
Triomphez de sa trahison,

Servez-vous contre un infidelle
Du dépit & de la raison.

CORONIS.

La raison n'a guere d'Empire
Sur un cœur que l'Amour inspire,
Vainement le dépit luy preste ses transports;
Ils ne font qu'irriter l'ardeur qui nous enflame,
Et nous portons au fond de l'ame
Un poison qui détruit aisement leurs efforts.

Je devrois le haïr, l'inconstant, le parjure,
Ma fierté m'en prescrit la Loy;
Mais contre ce dessein ma tendresse murmure,
Et mon cœur est toûjours esclave de sa foy.

CEPHISE.

Doit-on se piquer de constance
Pour un ingrat qui peut changer?
Ne montrez de perseverance
Que dans l'ardeur de vous vanger.

CORONIS.

Tircis me parle, je l'écoute,
Je voudrois que Daphnis crût qu'il est mon vainqueur;
Je feins de mépriser la perte de son cœur;
Mais que cette feinte me coûte!

Du moins ſi ce volage Amant
Soupiroit pour une inflexible,
Sa peine adouciroit l'excés de mon tourment :
Mais ma Rivalle, helas ! le trouve trop charmant,
Et n'eſt pour luy que trop ſenſible.

Viens ma chere Cephiſe en ces ſombres deſers,
Viens m'aider à cacher la honte de mes fers.

FIN DU PREMIER ACTE.

ACTE SECOND.

SCENE PREMIERE.

Le Theatre repreſente les delicieuſes Vallées de Tempé, couvertes d'arbres ornez de feſtons, & dont l'ombre entretient la fraîcheur des gazons & des fleurs, qu'arroſent pluſieurs fontaines.

DAPHNIS.

ARbres épais, ſombres Boccages,
Qui fûtes autrefois témoins de mon bonheur,
Je viens cacher ſous vos ombrages,
Mon deſeſpoir, ma honte & ma douleur,
L'ingrate que j'adore a trahy ma tendreſſe,
Elle fait triompher mon Rival à mes yeux,
Et mon cœur contre-moy pour elle s'interreſſe
Malgré ce mépris odieux.

Je ne puis briſer une chaîne
Qui fait le malheur de mes jours,
En vain j'appelle à mon ſecours
La raiſon, le dépit, la haine,
Mon cœur ne me parle toûjours
Que des charmes de l'inhumaine.

SCENE DEUXIE'ME.

DAPHNIS, CORAX.

CORAX.

TU devrois ſonger
A te dégager
D'un triſte eſclavage;
Gueris-toy, Berger,
Ta Nymphe eſt volage,
Et tu dois changer.

DAPHNIS.

Je ſçay quel party je dois prendre
Sans le ſecours de vos conſeils.

CORAX.

La reponſe, Daphnis, a lieu de me ſurprendre.

DAPHNIS.

On doit ſe défier toûjours de vos pareils.

CORAX.

CORAX.

Non, vous connoissez mal mon zele,
J'aime Tircis depuis long-temps;
Mais Coronis est infidelle,
Elle brule pour luy s'il meurt d'amour pour elle,
Et je voudrois vous voir contents.

DAPHNIS.

D'une ardeur si pure & si tendre
Les feux ne devoient point finir,
Nos cœurs estoient contents, pourquoy les des-unir?
Helas! est-ce le prix que je devois attendre
D'une ardeur si pure & si tendre?

Amour, haste-toy de punir
L'infidelle beauté qui ne veut plus m'entendre,
Dans l'éternelle nuit je suis prest à descendre,
Et je n'emporteray que l'affreux souvenir
D'une ardeur si pure & si tendre.

CORAX.

Ton cœur ne doit point s'arrester
A cherir les attraits d'une beauté legere,
Et c'est chercher à luy plaire
Que de vouloir l'imiter.

La fille du Fleuve Apidame
Dans ces forests chaque jour suit tes pas,

Elle est jeune, elle a mille appas,
Tu regnes dans son ame,
Pourquoy ne l'aimerois-tu pas?

Elle paroît, je te laisse avec elle.

SCENE TROISIE'ME.

APIDAMIE, DAPHNIS.

DAPHNIS.

AH Ciel! fuyons.

APIDAMIE.

Arreste, ingrat.
Peux-tu voir sans pitié le déplorable estat
Où me reduit une langueur mortelle?

DAPHNIS.

Je ne veux plus aimer
Non, je vais étouffer une flame cruelle,
Je vais oublier l'infidelle
Qui m'avoit sceu charmer;
Je ne veux plus aimer.

APIDAMIE.

Pour une Nymphe ingrate
Dont l'inconstance éclate,
Dois-tu mépriser tous les cœurs?

DAPHNIS.

Oüy, l'amour est pour moy le comble des horreurs.

APIDAMIE.

Ta haine contre-moy sera-t'elle invincible?
Aimons-nous, qui peut t'allarmer?

DAPHNIS.

Je ne veux plus aimer.

Je croyois Coronis pour tout autre inflexible,
Et cependant l'ingrate a sceu se dégager.

APIDAMIE.

Les soins d'un fidelle Berger
Peuvent toucher une insensible
Mais pretendre fixer les vœux d'un cœur leger,
C'est aspirer à l'impossible.

Je puis adoucir si tu veux
Le malheur de tes feux,
Je t'offre un cœur fidelle & tendre,
Toy seul as sceu l'enflamer.

DAPHNIS.

Garde ton cœur, je n'y veux rien pretendre,
Je ne veux plus aimer.

APIDAMIE.

Tu fuis; au moins daignes m'entendre.

DAPHNIS.

Je ne veux plus aimer.

SCENE QVATRIE'ME.

APIDAMIE.

O Ciel! puis-je ſurvivre à ce cruel outrage?
Amour, funeſte amour! ſors de mon triſte cœur,
Que le deſeſpoir & la rage
Me vangent des mépris d'un indigne vainqueur.

Sans Coronis peut-eſtre il eût eſté ſenſible
A la fidelle ardeur dont je brûlois pour luy:
Ah! vangeons-nous, s'il eſt poſſible,
De la fiere beauté qui cauſe mon ennuy.

Elle paroît, ma rage augmente,
Portons à ſon amour les plus funeſtes coups,
Et, s'il ſe peut, qu'elle reſſente
L'horreur de mes tranſports jaloux.

SCENE CINQVIE'ME.

APIDAMIE, CORONIS.

APIDAMIE.

Venez-vous regreter dans ce sombre boccage
La perte d'un Amant volage
Qe je vous ravis malgré moy?
Il vient de me quitter, je n'ay pû me deffendre
D'estre sensible aux marques de sa foy;
Ah! qu'il m'a paru tendre!
Et quand on craint de s'engager
Qu'il est dangereux d'entendre
Les yeux & les soupirs d'un aimable Berger!

CORONIS.

Vous vous applaudissez d'une foible Victoire,
Les vœux d'un inconstant vous semblent-ils si doux?
Peut-estre un autre aura bien-tost la gloire
De luy faire oublier qu'il a brulé pour vous.

APIDAMIE.

Il jure qu'il m'adore;
Tout vous céde en ces lieux le prix de la beauté,
Il vous quitte pour moy, que dois-je craindre encore
De sa fidélité?

CORONIS.

On ne rend pas toûjours justice
Aux plus rares objets que le Ciel a formez,
De differens desirs les cœurs sont animez,
Et l'amour est souvent un effet du caprice.

APIDAMIE.

Adieu, j'ay trop long-temps differé mon retour,
Daphnis m'attend dans le prochain boccage,
Je vais sçavoir de luy si l'ardeur qui l'engage
Est l'effet d'un caprice, ou d'un sincere amour.

SCENE SIXIESME.

CORONIS.

PArts superbe Rivale, évite ma presence,
Des soupirs d'un ingrat faits ta felicité,
Je laisse à l'inconstant le soin de ma vangeance,
Bien-tost son changement punira ta fierté.

Fontaines qui coulez dans ce sejour sauvage,
Où mon infidelle Berger
Força mon cœur à s'engager
Dans un triste esclavage.
Vous ne me verrez plus sur vos funestes bords,
Me plaindre de l'ingrat qui trahit ma tendresse,

Je succombe, & je vais oublier chez les morts
L'excés de mes mal'heurs, son crime & ma foiblesse.

Mais j'aperçois Tircis; feignons. Aimables fleurs
Que je vous aime!
Heureux les cœurs
Dont vous estes l'objet de la tendresse extrême!
Aimables fleurs
Que je vous aime!

SCENE SEPTIESME.

APPOLLON, CORONIS.

APPOLLON.

Vous quittez nos Hameaux, vous fuyez nos Concers
Pour rêver seule en cét asile,
Ah! belle Nymphe, un cœur tranquile
Cherche moins le silence & la paix des desers.

CORONIS.

Je cheris ce sejour paisible,
Mon cœur avec plaisir s'y vient entretenir,
S'il n'est pas encore insensible
Il fait tout pour le devenir.

APPOLLON.

Non, belle Coronis, que l'amour vous enflame,
Mais faites un glorieux choix,
Daphnis est un ingrat qui renonce à vos loix,
Et je viens vous offrir l'empire de mon ame.

CORONIS.

Quel aveu! juste Ciel.

APPOLLON.

Il n'en faut point rougir,
Le transport qui me fait agir
En servant mon amour augmente vostre gloire;
Plus on voit de Captifs, plus le spectacle est beau,
Je vous apprens une victoire,
Et c'est vous preparer un triomphe nouveau.

CORONIS.

Tircis, un étranger a-t'il l'ame assez fiere
Pour m'oser découvrir une indiscrette ardeur?

APPOLLON.

D'un Amant tel que moy connoissez la splendeur
Je suis le Dieu de la lumiere.

Pour vous prouver ce que je suis,
Charmante Coronis, voyez ce que je puis.

Que ces Desers s'évanoüissent,
Que les Arts en leur place eslevent un Palais.

Que

Que les Heures se réjoüissent,
De voir briller icy, ma Nymphe, & ses attraits.

Les Boccages disparoissent, & les Arts construisent un Palais brillant de lumiere.

SCENE HUITIESME.

APPOLLON, CORONIS, les Arts & les Heures.

APPOLLON.

Vous avez en ces lieux un empire suprême,
Regnez dans ce charmant sejour.

Vous, Heures, à l'envy venez faire la cour
Au cher objet de ma tendresse extréme,
Admirez ses appas, & vantez mon amour.
C'est servir Appollon luy-mesme
Que d'obeir à ce qu'il aime.

Chœur.

C'est servir Appollon luy-mesme
Que d'obeir a ce qu'il aime.

Deux des Heures.

L'amour vous offre un sort charmant
Dans ces agreables demeures,
N'en perdez pas un seul moment,
Il n'est point de plus douces Heures
Que celles qu'on passe en aimant.

Un des Arts.

Ne croyez pas estre invincible,
L'Amour sçait quand il veut assujettir un cœur ;
Il a sceu vous rendre sensible,
Il sçaura bien encor vous donner un vainqueur.

Chœur des Heures.

Vous devez vous vanger d'un Amant infidelle,
Les vœux d'un Dieu vous sont offers,
L'amour consent qu'on prenne une chaîne nouvelle,
Mais il ne peut souffrir que l'on brise ses fers.

Grand Chœur.

Vous devez vous vanger d'un Amant infidelle,
Les vœux d'un Dieu vous sont offers,
L'amour consent qu'on prenne une chaîne nouvelle,
Mais il ne peut souffrir que l'on brise ses fers.

APPOLLON.

Rendez-vous à mes vœux, couronnez ma tendresse,
Belle Coronis, aimons-nous.

CORONIS.

En faveur de Daphnis ma Mere s'interesse,
Et l'a choisi pour estre mon Espoux.

APPOLLON.

Si j'obtiens son aveu me verrez-vous sans peine
Possesseur d'un bien si charmant?

CORONIS.

Je connois mon devoir, agissez en Amant,
Mon cœur ne rendra point vostre poursuite vaine.

FIN DU SECOND ACTE.

ACTE III.

SCENE PREMIERE.

Le Theatre repreſente des Hameaux, & dans l'enfoncement le Palais de Coronis du coſté des Jardins.

APPOLLON.

AH! que l'amour a de charmes!
Heureux un cœur qui ſent ſes traits!
L'Hymen va finir mes allarmes,
Et me faire un ſort plein d'attraits!
Ah! que l'amour a de charmes!
Heureux un cœur qui ſent ſes traits!

Je renonce ſans peine à la grandeur ſuprême,
Toute autre douceur doit céder
A la douceur extrême
De poſſeder
Ce que l'on aime.

SCENE DEVXIE'ME.

APPOLLON, CORAX.

APPOLLON.

AH ! sçais-tu mon bonheur ? que mon destin est doux !
Dans ce jour fortuné tu vas me voir l'Espoux
De la jeune beauté pour qui mon cœur soupire ;
Sa mere l'accorde à mes vœux ;
Ah ! si la mesme ardeur l'inspire
Que je vais estre heureux !

CORAX.

Tâchez d'oublier l'inhumaine,
Adressez ailleurs vos desirs,
Plus son hymen vous fait esperer de plaisirs,
Et plus sa trahison vous causera de peine.

APPOLLON.

Que me dis-tu, Corax ? acheve.

CORAX.

Coronis
A repris sa premiere chaîne,
Ny son dépit, ny sa haine
Rien n'a pû resister à l'amour de Daphnis :

L'espoir d'un sort brillant, vostre ardeur, tout luy céde,
Dans ces valons à Venus consacrez
Je viens d'estre témoin du plaisir qui succéde
Au chagrin dont leurs cœurs ont esté penetrez.

APPOLLON.

Ingratte!....elle m'avoit promis d'estre fidelle.
Est-ce là le bonheur que vous me preparez?
Cruelle!
Ah! perfides, vous perirez,
J'en atteste du Styx les Ondes effroyables:
Vous me deseperez;
Mais les Dieux offencez punissent les coupables.
Courons à la vengeance, & dans ce jour fatal
Immolons Maistresse & Rival.

SCENE TROISIE'ME.

CORAX.

AH! que l'amour est à craindre!
Heureux qui sçait garder son cœur!
Qu'on doit redouter une ardeur
Que la raison ne peut éteindre!
Ah! que l'amour est à craindre!

Mais je voy ces Amans transportez de plaisirs
Dont un Dieu va bien-tost se faire un sacrifice;

L'amour semble souvent répondre à nos desirs,
Et nous conduit au precipice.

Cachons nous, & voyons leurs transports amoureux.

SCENE QVATRIE'ME.

CORONIS, DAPHNIS, CEPHISE, CORAX.

CORONIS & DAPHNIS.

JOüissons d'un bonheur qui jamais ne finisse,
Bannissons les chagrins & les soupçons fâcheux.

CORONIS.

Que l'aimable Hymen nous unisse.

DAPHNIS.

Que l'amour redouble nos feux.

De quels biens ma peine est suivie!
Ce jour va combler tous mes vœux.

CORONIS.

Ah! que j'aimeray la vie
Si je puis vous rendre heureux!

ENSEMBLE.

Que l'aimable Hymen nous unisse,
Que l'amour redouble nos feux,
Bannissons les chagrins & les soupçons fâcheux,
Joüissons d'un bonheur qui jamais ne finisse.

DAPHNIS.

Laissez vos Troupeaux dans nos champs,
Bergers, venez mesler vos dances & vos chants
Aux innocens transports d'une flame si belle;
Accourez, accourez, contentez nos desirs,
Suivez l'amour qui vous appelle,
Venez partager nos plaisirs.

CORONIS.

Aimables Bergeres
Quittez les fougeres,
Venez dans ces beaux lieux;
Suivez l'amour, sentez ses flames,
Il brille dans vos yeux,
Laissez-le regner dans vos ames.

SCENE CINQUIE'ME.

CORONIS, DAPHNIS, CEPHISE, CORAX, Troupe de Bergers, de Bergeres & de Pastres.

CEPHISE & un Berger.

Que les plaisirs
Vous suivent sans cesse,
Que les plaisirs
Redoublent vos desirs;
Goutez les fruits de la tendresse,
L'amour vous fait d'heureux loisirs.

Chœur.

Que les plaisirs
Vous suivent sans cesse,
Que les plaisirs
Redoublent vos desirs.

CEPHISE & un Berger.

Cherissez le trait qui vous blesse,
Bannissez les tristes soupirs.

Chœur.

Que les plaisirs
Vous suivent sans cesse,
Que les plaisirs
Redoublent vos desirs.

Une Bergere.

Une Bergere.

Tous les cœurs ſont faits pour la tendreſſe,
Cheriſſons cette aimable foibleſſe,
Rien ne doit tant charmer
Que le plaiſir d'aimer.

Un Berger.

Tendres cœurs dans ces belles retraites,
Joüiſſez de cent douceurs parfaites,
L'amour n'offre à vos vœux
Que les ris & les jeux.

CORONIS ET DAPHNIS.

Allons, qu'un paiſible Hymenée
Rende tous nos deſirs contens.

Chœur.

O! l'heureuſe journée
Pour deux Amans conſtans!

SCENE SIXIESME.

CORAX.

HElas! je plains leur deſtinée,
Ils vont perir dans peu de temps.

Chœur.

O! l'heureuſe journée
Pour deux Amans conſtans.

CORAX.

Déplorable Berger, Amante infortunée,
Vostre bonheur durera peu d'instans.

Chœur.

Ah! quelle affreuse rage!
Quel barbare courage!

CORAX.

C'en est fait, Appollon vient de hâter leur mort,
O! déplorable sort!

Chœur.

Ah! quelle affreuse rage!
Quel barbare courage!

SCENE SEPTIE'ME.

APPOLLON, CORAX.

APPOLLON.

ENfin je suis vangé, mon bras
Vient de porter la mort dans le sein des ingrats
Qui bravoient mon pouvoir & méprisoient ma flame,
J'ay percé leurs perfides cœurs,

Je triomphe, Corax, de mes cruels malheurs,
Et pour jamais l'Amour est sorty de mon ame.

SCENE HUITIE'ME.

APPOLLON, APIDAMIE, CORAX.

APPOLLON.

Belle Nymphe venez, j'ay puny mon Rival,
Vous ne vous plaindrez plus de son indifference,
Et ses Mânes errans sur le fleuve infernal,
Doivent remplir vostre vangeance.

APIDAMIE.

Barbare! oses-tu t'applaudir
D'un attentat si detestable?
Ton Rival ne vit plus, mais tes coups font perir
Une Nymphe adorable.

Ma Rivalle avec mon Amant
Descend au monument:
Ah! pourquoy, Dieu cruel, épargnes-tu ma vie?
Que n'ay-je succombé sous ton fatal transport!
Faut-il qu'à Coronis je porte encore envie
Jusques dans son genre de mort.

Cheres Ombres,
Goûtez l'heureuse paix de vos demeures sombres.

Déplorable Daphnis
Vos beaux jours sont finis!

Le jour me fait horreur, je vais bien-tost vous suivre,
Je presse de ma mort le funebre appareil,
Que vous estes heureux de vivre
En des lieux où jamais on n'a vû le Soleil!

Cheres Ombres,
Goutez l'heureuse paix de vos demeures sombres.

SCENE NEVVIÉME.

APPOLLON, CORAX.

CHOEUR.

Aimable Coronis
Vos beaux jours sont finis.

APPOLLON.

Quelle horreur me saisit! quel desordre funeste!
Qu'ay-je fait, malheureux! aimable Coronis
Vos beaux jours sont finis!
Ah! trait vengeur, je te deteste!

Que ne peux-tu percer mon déplorable cœur!
Mais le Destin s'oppose à la mort que j'appelle,
Et ma douleur
Comme moy doit estre éternelle.

Que toute la Nature
Déplore mon malheur nouveau,
Et que la nuit la plus obscure
Aux yeux de l'Univers dérobe mon flambeau.

Une épaisse obscurité se répend sur le Theatre.

Et toy perfide autheur des peines que j'endure
Reçois le prix de ton zéle indiscret,
Sous une hydeuse figure
Vas gemir loin de moy d'un éternel regret,
Sois par tout d'un funeste augure,
Fuis, malheureux.

Corax transformé en Corbeau s'envole, & disparoît.

Helas! aimable Coronis
Vos beaux jours sont finis.

FIN.

www.ingramcontent.com/pod-product-compliance
Ingram Content Group UK Ltd.
Pitfield, Milton Keynes, MK11 3LW, UK
UKHW032010260826
14628UKWH00005B/2395

9 782329 474526